COMPRENDRE
LA LITTÉRATURE

MIXTE
Papier issu de sources responsables
Paper from responsible sources
FSC® C105338

SAMUEL BECKETT

Fin de partie

Étude de l'oeuvre

© Comprendre la littérature.

22 rue Gabrielle Josserand - 93500 Pantin.

ISBN 978-2-75930-343-4

Dépôt légal : Septembre 2023

Impression Books on Demand GmbH

In de Tarpen 42

22848 Norderstedt, Allemagne

SOMMAIRE

- Biographie de Samuel Beckett.................................... 9

- Présentation de *Fin de partie*.................................... 15

- Résumé de l'oeuvre.. 19

- Les raisons du succès... 25

- Les thèmes principaux.. 31

- Étude du mouvement littéraire.................................. 37

- Dans la même collection... 43

BIOGRAPHIE DE SAMUEL BECKETT

Samuel Beckett est né le 13 avril 1906 à Foxrock, dans la banlieue aisée de Dublin, capitale de l'Irlande. Il est issu d'une famille protestante et son père, ingénieur de formation, est métreur-vérificateur dans l'architecture. Élève brillant, Samuel Beckett apprend le français dès l'âge de neuf ans dans une école jadis fréquentée par Oscar Wilde, puis entre au Trinity College où il découvre les œuvres de Racine, Corneille et Ronsard. Il déploie alors un goût immodéré pour le théâtre et assiste à de nombreuses représentations. En 1926, il se rend en France durant ses vacances scolaires et parcourt la vallée de la Loire à bicyclette. Il obtient son diplôme en décembre 1927, le Bachelor of Arts.

Il commence alors une carrière de professeur de français à Belfast, en Irlande du Nord, puis est nommé lecteur d'anglais à l'École normale supérieure de Paris pour une durée de deux ans. Il y fait la rencontre de son prédécesseur, le poète Thomas McGreevy, avec qui il se lie d'une profonde amitié. Ce dernier lui présente James Joyce, célèbre écrivain irlandais. En 1929, sur les conseils de Joyce, Beckett rédige un essai intitulé *Dante... Bruno. Vico... Joyce.*, dans lequel il défend l'œuvre de son ami considérée à l'époque comme hermétique. Il écrit la même année une nouvelle, *Assumption*, qui est publiée dans la revue *Transition*, et traduit une œuvre en français. Il traduit également plusieurs textes italiens en 1930 et s'intéresse à la poésie et à la philosophie. C'est ainsi qu'il écrit « Whoroscope », un poème inspiré de la vie de Descartes ; ce poème obtient un prix littéraire. Il retourne cette année-là à Dublin où il devient assistant de français dans son ancien établissement, le Trinity College. Il écrit en 1931 sa première pièce de théâtre, *Le Kid*, parodie du *Cid* qui n'a jamais été publiée, plusieurs poèmes ainsi qu'un essai sur Marcel Proust dans lequel il explore les questions du temps et de la mémoire. Il obtient un diplôme, le Master of art degree et renonce définitivement à l'enseignement.

Sa production littéraire s'accroît dès 1932, date à laquelle il compose son premier roman, *Dream of Fair to Middling Women* – qui n'est publié qu'en 1992 –, traduit de nombreux poètes français tels André Breton et Arthur Rimbaud et écrits différents textes pour des revues. En 1933, il écrit un recueil de nouvelles intitulé *More Pricks than Kicks* et un quatrain, « Gnome », publié par le *Dublin Magazine*. Son père meurt, il profite de son héritage pour s'installer à Londres, où il entame une psychothérapie. Il visite un asile psychiatrique qui lui inspire le décor du roman *Murphy*, écrit en 1935 et publié en 1938, faisant l'éloge de la folie.

À partir de 1937, il s'installe définitivement à Paris. Il subsiste alors grâce à quelques traductions et articles et écrit ses premiers textes en français. Il fait la rencontre de nombreux artistes tels Giacometti et Marcel Duchamp. En 1938, Samuel Beckett se fait poignarder par un déséquilibré qui ne sait pas expliquer son geste. Son poumon est perforé, il est conduit à l'hôpital. Il rencontre la même année la pianiste Suzanne Deschevaux-Dumesnil, qui devient sa compagne puis sa femme en 1961. Lors de la déclaration de guerre, en 1939, il se trouve à Dublin et décide de retourner précipitamment à Paris pour entrer dans la résistance. Il devient ce que l'on appelle une « boîte aux lettres » : il reçoit et transmet des courriers clandestins et traduit les informations en anglais. Il échappe de peu à une arrestation de la Gestapo en 1942 et déménage avec Suzanne dans le Vaucluse où il travaille dans les champs le jour et écrit la nuit. C'est dans ces conditions qu'il compose *Watt*.

À la fin de la guerre, Beckett, après s'être engagé dans la Croix-Rouge, reprend activement son activité littéraire. Il écrit alors deux poèmes, un essai sur les frères peintres Van

Velde, une nouvelle intitulée Suite – qu'il fait lire à Jean-Paul Sartre –, son premier roman en français, *Mercier et Camier*, et bien d'autres écrits. Il compose en 1947 *Malloy* et en 1948 *Malone meurt* et écrit entre 1948 et 1949 la célèbre pièce *En attendant Godot*.

L'année 1950 est marquée par la mort de sa mère, mais aussi par deux rencontres qui ont été primordiales dans le succès des œuvres de Samuel Beckett. Le jeune metteur en scène Roger Blin décide de porter sur scène *En attendant Godot* et Jérôme Lindon, fondateur des éditions de Minuit, publie *Malloy*, *Malone meurt* et *L'Innommable*, textes refusés jusque-là par les éditeurs. Dès lors, Lindon resta fidèle à Beckett et publia la quasi-totalité de ses œuvres. Georges Bataille fait un article élogieux au sujet de *Malloy*, concourant ainsi au succès de l'ouvrage. En 1952, le texte d'*En attendant Godot* est publié, la pièce de théâtre voit le jour en 1953 et Beckett la traduit en anglais. Durant l'année 1954, il reste quelques mois au chevet de son frère malade qui s'éteint au mois de septembre. En 1956, il achève sa première version de *Fin de partie* qui est publiée en 1957 et compose sa première pièce radiophonique qu'il nomme *All That Fall* diffusée sur la BBC. Fin de partie est également mise en scène par Gérard Blin. Les pièces de théâtre écrites par Beckett rencontrent un succès mondial et sont adaptées dans de nombreuses langues. Il écrit en anglais la pièce *Happy Days* en 1960 – qu'il traduit par *Oh les beaux jours* en français – et *Comment c'est* en français, qu'il traduit ensuite en anglais. Beckett passe ainsi d'une langue à l'autre d'une manière remarquable, bien qu'écrire en français soit plus facile pour lui car cette langue lui permet de s'affranchir de sa langue maternelle. Beckett opère une déstructuration totale du langage, comme le montre ce passage d'*Oh les beaux jours* : « Tout… ta-la-la… tout s'oublie… la vague… non… délie… tout ta-la-la tout se délie… la vague…

non… flot… oui… le flot sur le flot s'oublie… replie… oui… le flot sur le flot se replie… »

Samuel Beckett est consacré en 1961, année à laquelle il partage le Prix international des éditeurs avec Jorge Luis Borges. Il se marie au mois de mars avec Suzanne. Beckett s'essaye à tous les médias, il écrit une autre pièce radiophonique, collabore à l'écriture d'un film avec le réalisateur Buster Keaton et écrit une pièce pour la télévision. Il rédige aussi le scénario d'un film expérimental intitulé tout simplement : *Film*. Il est extrêmement bien accueilli par la critique et remporte plusieurs prix. La consécration de Samuel Beckett atteint son apogée en 1969, lorsqu'il reçoit le prix Nobel de littérature. Pourtant, il se refuse à aller le chercher, dénigrant les mondanités et le tapage fait autour de son œuvre. C'est donc son éditeur, Jérôme Lindon, qui alla récupérer la prestigieuse récompense.

Dès lors, ses écrits deviennent plus minces, comme l'attestent *Pour en finir encore et autres foirades* (1976), ou encore *Mal vu mal dit* (1981) et Beckett se tourne vers la mise en scène avec *Pas moi* interprétée par Madeleine Renaud en 1975 et *La Dernière Bande* en 1977. Il écrit en 1980 *Quad*, une pièce muette pour la télévision. Malgré son âge avancé, sa production littéraire ne faiblit pas. En 1985, le festival Beckett voit le jour à Madrid, présentant ses principales œuvres.

Le 17 juillet 1989, sa femme Suzanne décède. Quelques mois plus tard, le 22 décembre, Samuel Beckett s'éteint à son tour. Il est enterré au cimetière Montparnasse. La même année sont publiées ses dernières œuvres, *Soubresauts* écrite en 1986 et *Le Monde et le pantalon* écrite quarante-cinq ans auparavant.

PRÉSENTATION DE FIN DE PARTIE

Fin de partie est une pièce de théâtre composée d'un seul acte sans scènes distinctes, écrite pour quatre personnages. Samuel Beckett l'a composée entre 1952 et 1956, au moment où il restait au chevet de son frère malade, ce qui semble l'avoir inspiré. Comme le montrent ses manuscrits, la genèse de l'œuvre fut pour l'auteur longue et périlleuse. Les deux premières versions étaient découpées en deux actes. Le texte est publié par Jérôme Lindon aux éditions de Minuit en 1957 et fut suivi de *Sans parole II*. Beckett a d'abord écrit la pièce en français, puis l'a traduite en anglais par la suite sous le titre d'*Endgame*.

L'histoire ne peut être située, le temps et l'espace sont abolis. La pièce met en scène quatre infirmes : Hamm, un aveugle paralysé despote, Clov, fils adoptif et victime de Hamm ne pouvant s'asseoir à cause de sérieuses douleurs, et Nagg et Nell, les parents de Hamm culs-de-jatte condamnés à l'inertie dans des poubelles. Les personnages se trouvent dans un huis-clos « apocalyptique », gris et révélant une lumière triste. L'histoire entière repose sur la fin, la fin des personnages, la fin du monde, la fin du temps. La fin gouverne même la première réplique : « Fini, c'est fini, ça va finir, ça va peut-être finir ».

La première représentation de *Fin de partie* mise en scène par Roger Blin a lieu à Londres le 1*er* avril 1957, puis à Paris au Studio des Champs-Élysées. Une adaptation anglaise voit le jour en 1958, et depuis, de nombreuses autres mises en scène ont été créées.

Au sujet de *Fin de partie*, Beckett dit qu'il « écri[t] quelque chose qui est encore pire…, plutôt difficile et elliptique, comptant surtout sur la force du texte pour griffer, plus inhumain que Godot ». Ainsi, à cause de l'aspect hermétique de la pièce, la critique se montre frileuse lors de sa parution, faisant diverger les avis. Pourtant, depuis sa création, son succès s'est largement pérennisé.

RÉSUMÉ DE L'ŒUVRE

Fin de partie est composée d'un unique acte non découpé en scènes. Afin de fractionner notre résumé, nous découpons la pièce selon les entrées et sorties des personnages. Nous faisons référence à *Fin de partie* de Samuel Beckett, éditions de Minuit, 2010, 1re édition 1957, Paris.

p. 11-21 :

La scène se situe dans un intérieur dénué de mobilier comportant deux petites fenêtres et un tableau retourné. Sur la gauche de la scène, il y a deux poubelles recouvertes d'un drap. Au milieu, se trouve un fauteuil roulant sur lequel est assis Hamm, endormi et recouvert lui aussi d'un drap. Clov se tient à côté de Hamm. Clov, boîteux, déambule étrangement dans la pièce. Dans un monologue, Clov parle de la fin. Parle-t-il de la fin du monde ? De la fin de Hamm ? Hamm se réveille et demande à Clov de le recoucher. Ce dernier refuse puisqu'il vient à peine de le lever. Le dialogue entre les deux hommes révèle que Clov est à la fois le valet et le sous-fifre de Hamm qui le menace de ne plus lui donner à manger.

p. 21-22 :

Un vieillard prénommé Nagg sort sa tête de la poubelle, réclamant sa bouillie. Il s'agit du père de Hamm. Ce dernier se montre odieux, le traitant de « maudit progéniteur » et de « maudit fornicateur ». Il n'y a plus de bouillie, Clov donne donc à Nagg un biscuit dur qu'il ne peut manger car il n'a plus de dents. Sur l'ordre de Hamm, Clov enfonce Nagg dans sa poubelle et ferme le couvercle.

p. 22-27 :

Nous apprenons que Clov et Hamm ont chacun un handicap : l'un ne peut s'asseoir, l'autre ne peut se tenir debout. Les deux hommes parlent du monde apocalyptique qui les entoure, un monde dénué de nature. Clov dit avoir à faire : il doit aller observer le mur pour voir sa « lumière qui meurt ». Hamm ordonne à Clov de partir et celui-ci lui rétorque qu'il essaie depuis qu'il est né.

p. 27-37 :

Nagg et sa femme Nell sortent tous deux la tête de leur poubelle respective. D'après leur conversation, on apprend qu'ils sont mal en point : ils y voient très mal, n'entendent plus très bien et Nagg perd ses dents. On apprend également qu'ils ont perdu l'usage de leurs jambes dans un accident de tandem. Les époux sont contrariés car on ne leur a pas changé la litière de leurs poubelles. Nagg raconte à sa femme une histoire qu'il lui racontait déjà dans leur jeunesse au sujet d'un tailleur anglais. Hamm, excédé, ordonne à Clov de sortir « ces ordures ». Clov s'exécute, enfonce Nell dans la poubelle et referme le couvercle.

p. 37-67 :

Hamm demande à Clov de lui faire faire une promenade dans leurs huis-clos. Clov déplace le fauteuil roulant, lui fait faire le tour de la pièce en rasant les murs. Avant que le tour ne soit fini, Hamm demande à être ramené à sa place, c'est-à-dire au centre de la pièce. Hamm n'est pas satisfait, demande à Clov de le déplacer un coup vers la droite, un coup vers la gauche, un coup en arrière, puis un coup en avant. Clov déplace en fait le fauteuil de manière imperceptible. Perdant patience, Clov aspire à tuer Hamm. Clov va ensuite chercher un escabeau pour pouvoir regarder par la fenêtre, mais il ne se passe rien à l'extérieur, tout est « mortibus ». Clov menace de quitter Hamm, mais celui-ci ne peut l'accepter et lui rappelle qu'il lui a « servi de père ». Hamm réclame son chien. Clov lui apporte une peluche à qui il manque une patte. Ensuite, Hamm annonce qu'il va raconter une histoire. Clov ne veut pas l'écouter donc Hamm demande à ce que l'on réveille Nagg pour qu'il l'entende en échange d'un bonbon.

p. 67-75 :

Nagg sort la tête de la poubelle. Il tente de négocier deux dragées contre l'histoire de son fils Hamm, mais celui-ci refuse. Hamm demande de manière violente à son père pourquoi il l'a fait. Nagg lui répond qu'il ne pouvait pas savoir que ce serait lui qui naîtrait. Hamm se lance et raconte son histoire : une veille de Noël, par un temps glacial, venteux et sec, un homme d'une grande pauvreté est venu à lui pour lui demander du pain à manger pour lui et son fils. Hamm les a recueillis. C'est sans doute l'histoire de l'adoption de Clov. Hamm ordonne ensuite à son père de faire une prière silencieuse. Quand Nagg réclame sa dragée, Hamm lui rétorque qu'il n'y en a plus. Nagg avoue que son dernier vœu serait que Hamm l'appelle un jour, comme lorsqu'il était petit et avait peur dans le noir. Nagg rentre dans sa poubelle et ferme le couvercle.

p. 76-110 :

Hamm et Clov sont à nouveau seuls. Hamm continue d'asséner des ordres à son fils adoptif, qui n'en peut plus et menace encore une fois de partir. Hamm lui répond qu'il lui sert à lui donner la réplique et lui ordonne de lui demander des nouvelles de son roman. Ce prétendu roman est en fait l'histoire du père mendiant venu demander de l'aide à Hamm. Hamm demande à Clov d'aller voir ce que font ses parents dans les poubelles. Nell, la mère, semble morte, tandis que Nagg pleure. Hamm ordonne à son fils de l'amener sous une fenêtre, puis sous l'autre. Plus tard, alors que Clov est parti à la cuisine chasser un rat, Hamm, dans un long monologue, réfléchit à l'existence humaine, vaine selon lui. Lorsque son fils revient, il lui demande son calmant, mais il n'y en a plus, comme il n'y a plus de plaid, plus de bicyclette, plus de dragée dans ce monde apocalyptique. Clov semble perdre la tête, effectue un incessant manège : il monte sur l'escabeau, en descend, le déplace, remonte, redescend, va chercher une lunette, regarde par la fenêtre, redescend, remonte, regarde à nouveau par la fenêtre… jusqu'à que quelqu'un apparaisse à l'extérieur. Hamm lui ordonne d'aller l'exterminer, car il s'agit forcément d'un « créateur en puissance ». Hamm dit que tout est fini et congédie son fils. Clov se prépare à partir et Hamm continue de parler de la fin, de cette « vieille fin de partie ». Le rideau se ferme.

LES RAISONS DU SUCCÈS

Malgré le succès antérieur d'*En attendant Godot*, les directeurs des théâtres parisiens se montrent frileux à la lecture de *Fin de partie*. La pièce essuie de nombreux refus. C'est ainsi que la première représentation dans sa version originale française a lieu à Londres. George Devine, directeur de compagnie, souhaite obtenir les droits pour traduire la pièce en version anglaise. C'est ainsi qu'il propose à Samuel Beckett et au metteur en scène de la pièce, Roger Blin, de présenter *Fin de partie* au Royal Court Theatre en langue française. La deuxième pièce du dramaturge naît ainsi pour la première fois à Londres le 3 avril 1957. Le succès étant bien au rendez-vous, la mise en scène de Roger Blin est finalement transférée trois semaines plus tard à Paris au Studio des Champs-Élysées. Dès 1958, Beckett traduit *Fin de partie* sous le titre d'*Endgame*. Le 28 janvier de cette même année, elle est mise en scène à New York par Alain Schneider. La pièce est ensuite transférée à nouveau au Royal Court Theatre, dans la version anglaise cette fois, mise en scène par George Devine. *Endgame* est ensuite montée dans le pays natal de Beckett en 1959, au théâtre du Trinity College de Dublin.

Samuel Beckett confia à son biographe avoir été inspiré par les œuvres du dramaturge irlandais John Millington Synge. On retrouve en effet de nombreuses similitudes entre les pièces *The Well of the Saints* et *Fin de partie*. La pièce de Synge met en scène deux mendiants aveugles. Toute l'intrigue tourne autour de la cécité et du corps abîmé, tout comme *Fin de partie* qui présente uniquement des personnages handicapés. On trouve par ailleurs dans la pièce des références intertextuelles aux *Fleurs du Mal* de Charles Baudelaire. À la toute fin de la pièce, lorsque Hamm congédie Clov, il s'exclame : « Tu appelais. Tu réclamais le soir ; il vient. Il descend : le voici. Tu réclamais le soir ; il descend : le voici. Joli ça. » Cet extrait fait clairement allusion à un vers libre du poème « Recueillement » issu du recueil des *Fleurs du Mal* : « Tu réclamais le Soir ; il descend ; le voici ». Enfin, Beckett a confié à Roger Blin qu'il « voyait *Fin de partie* comme un tableau de Mondrian, avec des cloisons très nettes, des séparations géométriques, de la géométrie musicale ». Mondrian, peintre néerlandais, est l'un des précurseurs de la peinture abstraite. Il s'est attaché tout au long de sa vie à décliner des séries de tableaux composés de rectangles. Beckett, passionné par les échecs, s'est ainsi attaché à mettre en exergue une spatialité géométrique nette dans *Fin de partie*.

Si Beckett fut réfractaire à l'idée d'être apparenté à un courant strict, il fut tout de même largement rattaché au théâtre de l'absurde. Le théâtre de l'absurde désigne un genre théâtral apparu dans les années 1950. C'est l'un des courants de l'avant-garde les plus influents. Le terme fut formulé pour la première fois dans les années 1960 par Martin Esslin, théoricien majeur de ce mouvement, permettant ainsi de classer certains textes considérés à l'époque comme déroutants. Le théâtre de l'absurde rompt en effet foncièrement avec le théâtre de l'époque qui était tout à fait classique et respectait scrupuleusement certaines règles conventionnelles. Ce mouvement apparaît aux lendemains de la Seconde Guerre mondiale et vient en réaction du traumatisme qu'elle a causé. De nombreux intellectuels et artistes aspirent alors à rompre avec le réalisme. Selon Eugène Ionesco, à cette époque « l'homme [est] comme perdu dans le monde, toutes ses actions devenant insensées, absurdes, inutiles ». L'homme n'est qu'une marionnette égarée et dénuée de logique. Le théâtre de l'absurde s'attache d'ailleurs à réfuter toute logique, cohérence et rationalité. Le langage – caractère spécifique à l'homme – est lui aussi mis à mal, la communication dans le théâtre de l'absurde est totalement brouillée.

Le premier dramaturge de l'absurde fut Alfred Jarry, qui s'est attaché à déconstruire le réel dans ses pièces et à reléguer ses personnages à l'état de pantins grotesques avec, entre autres, *Ubu roi* publiée en 1896. Mais c'est Eugène Ionesco, avec sa *Cantatrice chauve* publiée en 1950, qui fut considéré comme le précurseur du théâtre de l'absurde. Dans les années 1950, quelques dramaturges s'apparentent au mouvement. Nous pouvons citer entre autres Samuel Beckett (*En attendant Godot* en 1953, *Fin de partie* en 1956), Jean Genet (*Les Bonnes* en 1947 et *Le Balcon* en 1956), Arthur Adamov (*La Parodie* en 1950). Il y eut ensuite quelques héritiers tels Jean Tardieu et Boris Vian. Si l'absurde fut majoritairement représenté au théâtre, nous pouvons tout de même noter quelques romans se rapprochant du mouvement, telle *L'Étranger* et *La Peste* d'Albert Camus écrites en 1942 et 1947. Dans un essai, *Le Mythe de Sisyphe*, Albert Camus définit son concept de l'absurde : « L'absurde est essentiellement un divorce. Il n'est ni dans l'un ni dans l'autre des éléments comparés. Il naît de leur confrontation. » *Fin de partie* repose comme la majorité des pièces du théâtre de l'absurde sur la rupture avec le théâtre classique qu'elle met en exergue. La pièce est composée d'un unique acte, sans découpage en scènes. Les critères classiques du théâtre, à savoir le lieu, le temps et l'action sont ainsi soit abolis, soit indéfinissables. Le titre même tend à démontrer cela : toute l'action repose sur la non-action, la fin omniprésente est annoncée.

Il y a dans *Fin de partie* un véritable « comique de l'absurde » : un humour, certes noir et sarcastique, découle du langage. Cette dimension risible est sans conteste à l'origine du succès de la pièce. Il y a tant un comique de situation qu'un comique de discours, comme le souligne le metteur en scène de la pièce, Roger Blin : « Je dois dire aussi que c'est une pièce comique. Les exégètes de Beckett parlent d'un "message", d'une espèce de chose comme ça. Ils oublient de dire le principal, c'est que c'est une chose qui est une découverte du langage, de faire exploser un langage très quotidien. Il n'y a pas de littérature plaquée, absolument pas. Faire exploser un langage quotidien où chaque chose est à la fois comique et tragique ». Cet humour noir tend à souligner l'absurdité de la condition humaine, comme le dévoile ce passage des pages 21-22 :

NAGG : Je veux ma bouillie !
HAMM : Donne-lui un biscuit. (Clov sort.) Maudit fornicateur ! Comment vont tes moignons ?
NAGG : T'occupe pas de mes moignons.

Comme le dit Nell à Nagg aux pages 31-32 : « Rien n'est plus drôle que le malheur. » Et elle précise plus loin : « Si, si, c'est la chose la plus comique au monde. Et nous en rions, nous en rions, de bon cœur, les premiers temps. Mais c'est toujours la même chose. Oui, c'est comme la bonne histoire qu'on nous raconte trop souvent, nous la trouvons toujours bonne, mais nous n'en rions plus. » Ainsi, le succès de *Fin de partie* tient en partie de cet humour fataliste.

Fin de partie est une pièce fascinante sur le vide et l'absurdité de l'existence, qui confirme la confidence de Beckett se résumant « bon qu'à ça » lorsque, dans une interview pour *Libération*, un journaliste lui demande la raison pour laquelle il écrit.

LES THÈMES PRINCIPAUX

Le corps mutilé

Fin de partie est un véritable huis-clos de corps mutilés. Chacun des quatre personnages porte sur son corps les stigmates de son passé. Hamm, le personnage principal, est dans un fauteuil roulant et est aveugle. Il a un fils adoptif, condamné à ne jamais pouvoir s'asseoir et perdant également la vue. Hamm loge dans des poubelles ses parents, deux vieillards ayant perdu l'usage de leurs jambes et pratiquement sourds. La souffrance physique semble être l'essence même de la condition humaine. Roger Blin, le metteur en scène, eut d'ailleurs bien du mal à trouver deux acteurs âgés acceptant le rôle des vieillards impotents et moisissant dans leur poubelle. Les acteurs qu'il démarchait lui répondaient : « Le texte est très joli et vous êtes très sympathique, mais cette pièce sera peut-être ma dernière création à Paris et faire ma dernière création dans une poubelle, ça je ne le peux pas. »

La chair à vif est mise en pièces, mise en scène, donnée en spectacle. Chaque personnage est caractérisé par sa déchéance physique :

CLOV : Je ne peux pas m'asseoir.
HAMM : C'est juste. Et moi je ne peux pas me tenir debout.
CLOV : C'est comme ça.
HAMM : Chacun sa spécialité.

Chaque corps nécessite une prothèse, une extension incarnée par des objets. Ainsi, Hamm a besoin d'un fauteuil roulant pour se déplacer et d'une gaffe pour attraper les objets, Clov utilise un escabeau pour accéder à la fenêtre et une lunette pour voir ce qui se passe à l'extérieur. Ces objets symbolisent la déficience des corps.

Le paroxysme de la déchéance physique est incarné par les corps de Nell et Nagg qui sont réduits à l'état de déchets. Ces deux corps sont en effet voués à pourrir dans les excréments de leurs litières que sont les poubelles remplies de sable. *Fin de partie* est le chant de la détresse et de la décrépitude.

La nature morte

L'extérieur du huis-clos se désintègre également. La terre est tout à fait infertile, plus rien ne pousse. L'extérieur est, aux yeux des personnages, absolument effrayant. Il semble que les personnages aient survécu à on ne sait quel cataclysme. Il n'y a plus de marée, plus de soleil, plus d'animaux, il n'y a qu'une lumière grisâtre. Cet univers apocalyptique est souligné par l'aspiration à retrouver la nature qui a disparu, comme le souligne ce passage page 23 :

HAMM : La nature nous a oubliés.
CLOV : Il n'y a plus de nature.
HAMM : Plus de nature ! Tu vas fort.
CLOV : Dans les environs.
HAMM : Mais nous respirons, nous changeons ! Nous perdons nos cheveux, nos dents ! Notre fraîcheur ! Nos idéaux !
CLOV : Alors elle ne nous a pas oubliés.
HAMM : Mais tu dis qu'il n'y en a plus.
CLOV, tristement : Personne au monde n'a jamais pensé aussi tordu que nous.

Hamm rêve alors tout au long de la pièce de retrouver la nature perdue : « Si je dormais je ferais peut-être l'amour.

J'irais dans les bois. Je verrais… le ciel, la terre. Je courrais. On me poursuivrait. Je m'enfuirais. (*Un temps.*) Nature ! (*Un temps.*) Il y a une goutte d'eau dans ma tête. » (p. 31) La détérioration des corps va en fait de pair avec la détérioration de la nature. La vie toute entière est funeste.

L'omniprésence de la mort

La mort rôde à tous les niveaux dans *Fin de partie* : tout est « mortibus ». Les quatre personnages semblent être les seuls survivants, des survivants proches de la mort et soumis à leur lente agonie :

HAMM : [M]ais comment le saurais-je, si tu étais seulement mort dans ta cuisine ?
CLOV : Eh bien… je finirais bien par puer.
HAMM : Tu pues déjà. Toute la maison pue le cadavre.

Ainsi, la survie est sclérosée, la mort contamine les seuls êtres restants réduits à l'état de spectres. Beckett multiplie les images funestes, tout est mort, tout est fin, comme le souligne les premières phrases de la pièce : « Fini, c'est fini, ça va finir, ça va peut-être finir. Les grains s'ajoutent aux grains, un à un, et un jour, soudain, c'est un tas, un petit tas, l'impossible tas. » (p. 13) Ces corps nécrosés n'ont qu'une chose à faire : attendre la fin de la partie. L'homme est sous l'emprise du fatalisme : « Être sur terre, c'est sans remède. »

Fin de partie présente un univers dénué de possible, d'illusion. La majorité des paroles de la pièce sont entrecoupées de silences. Les silences représentent 30% du texte et appuient cette atmosphère lourde, voire même apocalyptique. Dans cet univers, l'homme doit être exterminé :

CLOV : Quelqu'un ! C'est quelqu'un !
HAMM : Eh bien, va l'exterminer. (Clov descend de l'escabeau.) Quelqu'un ! (Vibrant.) Fais ton devoir ! (Clov se précipite vers la porte.) Non, pas la peine. […]
CLOV : Pas la peine ? Un procréateur en puissance ?

La procréation devient même une phobie dans ce monde où l'espoir est vain. L'aspiration des personnages semble être de veiller à l'extinction de toute humanité, « le procréateur en puissance » doit absolument être éliminé. C'est ainsi que Hamm reproche à son père de lui avoir donné la vie : « Maudit progéniteur ! », « Maudit fornicateur ! » (p. 21-22)

HAMM : Salopard ! Pourquoi m'as-tu fait ?
NAGG : Je ne pouvais pas savoir.
HAMM : Quoi ? Qu'est-ce que tu ne pouvais pas savoir ?
NAGG : Que ce serait toi.

Lorsque Clov trouve une puce, l'inquiétude que l'humanité puisse se reconstituer à partir de ce parasite effraie les personnages. Il faut absolument que l'animal soit exterminé. Avant qu'ils ne meurent, les protagonistes de la pièce ont un seul souhait : s'assurer que la vie humaine disparaisse bien avec eux.

Chacun leur tour, les personnages demandent à être achevés ou souhaitent achever les autres. L'existence semble proscrite dans cet univers : « Tu n'as qu'à nous achever. (*Un temps.*) Je te donne la combinaison du buffet si tu jures de m'achever », implore Hamm (p. 53). La vie n'est que survie. Ainsi, que ce soit l'humanité ou la nature, tout est voué à mourir dans *Fin de partie*. Il s'agit d'une pièce qui met en exergue l'échec : l'échec du langage, l'échec de la vie, l'échec de la condition humaine.

ÉTUDE DU MOUVEMENT LITTÉRAIRE

La dénomination de « théâtre de l'absurde » fut contestée entre autres par les dramaturges associés au mouvement. C'est pourtant celle qui semble la plus adéquate pour nommer ce théâtre de l'avant-garde des années 1950. Il est indéniable que les œuvres de Beckett, Ionesco, Adamov ou Genet sont empreintes à tous niveaux d'absurde. Le mot « absurde » vient du latin *absurdus*, signifiant « inaudible » d'un point de vue musical. Dans le langage courant, le mot renvoie plutôt à ce qui est incohérent et est en fait en relation avec le sens, la sémantique et non pas le son. Le message transmis par ces pièces est brouillé voire même inexistant, afin de confronter le spectateur au vide de l'existence. Au sujet de son théâtre, Eugène Ionesco parle justement de « théâtre à vide ». Ces œuvres portent les stigmates de la guerre, des déportations et de l'extermination de l'homme dans les camps, d'Auschwitz notamment. Au lendemain de la Seconde Guerre mondiale, les intellectuels sont imprégnés de la perte d'humanité qui fit rage durant les années précédentes. La pièce d'Eugène Ionesco intitulée *Rhinocéros* illustre tout à fait cela en soulignant l'absurdité du totalitarisme qui a sévi durant la guerre. Les pièces de théâtre de l'époque s'engagent à révéler cette horreur inhumaine et incohérente. Pour les dramaturges de l'absurde, l'unique perspective de l'homme est la mort et toute la problématique existentielle est remise en cause : l'individu se désagrège. Ainsi, dans *Notes* et *Contre-Notes*, Ionesco s'interroge : « Chaque créature se défend en tuant, tue pour vivre. Dans la haine de l'homme pour l'homme [...] dans cet instinct inné du crime (politique, patriotique, religieux, etc.) n'y a-t-il pas comme une détestation souterraine de la condition même de l'homme, de la condition mortelle ? » Dès lors, le ton employé dans le théâtre de l'absurde est celui de la satire, dévoilant l'absurdité de la condition humaine.

Le théâtre de l'absurde semble s'être directement inspiré du dadaïsme, mouvement littéraire et artistique qui se développa durant la Première Guerre mondiale, entre 1916 et 1925. Tristan Tzara aurait ouvert un dictionnaire et pointé hasardeusement le mot « dada » à l'aide d'un coupe-papier et c'est ainsi que le courant fut baptisé. Le mouvement est initié par des artistes de renom tels Tristan Tzara, Marcel Duchamp, Man Ray, ou encore Francis Picabia. Les artistes du courant dada remettent largement en cause les conventions, et leurs œuvres aspirent à éclairer l'homme, à travers la provocation, sur la réalité humaine. À l'image du théâtre de l'absurde, la raison et la logique étaient scrupuleusement rejetées par les dadaïstes. Les dramaturges de l'absurde et les dadaïstes ont ainsi une approche similaire, visant à révéler l'absurdité dans un climat atroce, que ce soit après la Première ou la Seconde Guerre mondiale. Selon Tristan Tzara : « Dada n'était pas seulement l'absurde, pas seulement une blague, dada était l'expression d'une très forte douleur des adolescents, née pendant la guerre de 1914. Ce que nous voulions c'était faire table rase des valeurs en cours, mais, au profit, justement des valeurs humaines les plus hautes. »

C'est dans cette lignée que les dramaturges de l'absurde se sont tous attachés à rompre avec le théâtre classique et traditionnel. Afin de se rapprocher de la réalité, ces dramaturges s'opposent au théâtre hérité du passé : « l'œuvre d'art n'est pas le reflet, l'image du monde ; mais elle est à l'image du monde », comme le précise Eugène Ionesco. C'est ainsi qu'ils réfutent généralement l'intrigue, la psychologie des personnages – ils sont tous interchangeables –, le lieu où se déroule l'action – précisé de manière très vague – et le temps qui est souvent tourné en dérision. Comme le souligne Ionesco, il s'agit d'un « théâtre abstrait. Drame pur. Anti-thématique, anti-idéologique, anti-réaliste-socialiste, anti-philosophique, anti-psychologique de boulevard, anti-bourgeois, redécouverte d'un nouveau théâtre libre. Libre, c'est-à-dire libéré, c'est-à-dire sans parti pris, instrument de fouille : seul à pouvoir être sincère, exact et faire apparaître les évidences cachées. » Selon Martin Esslin, le théâtre de l'absurde va « fournir un langage nouveau, des idées nouvelles, des points de vue nouveaux et une philosophie nouvelle, vivifiée, qui transformeraient dans un avenir assez proche les modes de pensées et de sentiments du grand public ». Tous les dramaturges du théâtre de l'absurde ont ainsi mis un point d'honneur à distordre le langage, voire même à le tuer. Que ce soit Ionesco, Beckett ou Genet, ils ont, chacun à leur manière, révélé l'inertie de la communication à travers une mise en relief de l'absurdité humaine. Dans ce chaos, la communication ne peut être qu'évanescente. Beckett confia dans *L'Innommable* que : « Ce sont des mots, il n'y a que ça, il faut donc continuer, c'est tout ce que je sais, ils vont s'arrêter, je connais ça, je les sens qui me lâchent, ce sera le silence, […] il faut continuer, je vais donc continuer, il faut dire des mots, tant qu'il y en a, il faut les dire, jusqu'à ce qu'ils me trouvent, jusqu'à ce qu'ils me disent, étrange peine, étrange faute, il faut continuer… »

Boris Vian, considéré comme l'un des héritiers du théâtre de l'absurde, a écrit dans la veine de ses prédécesseurs plusieurs pièces à rapprocher du mouvement. *Les Bâtisseurs d'empire* en est une parfaite illustration. Cette pièce, écrite en 1957 et mise en scène en 1959, souligne la décadence d'un homme et d'une famille qui sont peu à peu chassés de leur maison par « un bruit à faire peur, dont la nature reste à préciser. Un bruit grave roulant surmonté de battements aigres ». Au fur et à mesure de la pièce, le temps se délite et devient un personnage à part entière, un personnage cyclique qui répète chaque action. En cela et à d'autres égards, la pièce a largement été comparée à certaines œuvres de Samuel Beckett, telles *Fin de partie* et *En attendant Godot*. Le théâtre de l'absurde a donc été inspiré par de grands auteurs et en a, à son tour, inspiré d'illustres.

DANS LA MÊME COLLECTION
(par ordre alphabétique)

- **Anonyme**, *La Farce de Maître Pathelin*
- **Anouilh**, *Antigone*
- **Aragon**, *Aurélien*
- **Aragon**, *Le Paysan de Paris*
- **Austen**, *Raison et Sentiments*
- **Balzac**, *Illusions perdues*
- **Balzac**, *La Femme de trente ans*
- **Balzac**, *Le Colonel Chabert*
- **Balzac**, *Le Lys dans la vallée*
- **Balzac**, *Le Père Goriot*
- **Barbey d'Aurevilly**, *L'Ensorcelée*
- **Barbey d'Aurevilly**, *Les Diaboliques*
- **Bataille**, *Ma mère*
- **Baudelaire**, *Les Fleurs du Mal*
- **Baudelaire**, *Petits poèmes en prose*
- **Beaumarchais**, *Le Barbier de Séville*
- **Beaumarchais**, *Le Mariage de Figaro*
- **Beauvoir**, *Mémoires d'une jeune fille rangée*
- **Beckett**, *Fin de partie*
- **Brecht**, *La Noce*
- **Brecht**, *La Résistible ascension d'Arturo Ui*
- **Brecht**, *Mère Courage et ses enfants*
- **Breton**, *Nadja*
- **Brontë**, *Jane Eyre*
- **Camus**, *L'Étranger*
- **Carroll**, *Alice au pays des merveilles*
- **Céline**, *Mort à crédit*
- **Céline**, *Voyage au bout de la nuit*

- **Chateaubriand**, *Atala*
- **Chateaubriand**, *René*
- **Chrétien de Troyes**, *Perceval*
- **Cocteau**, *Les Enfants terribles*
- **Colette**, *Le Blé en herbe*
- **Corneille**, *Le Cid*
- **Crébillon fils**, *Les Égarements du cœur et de l'esprit*
- **Defoe**, *Robinson Crusoé*
- **Dickens**, *Oliver Twist*
- **Du Bellay**, *Les Regrets*
- **Dumas**, *Henri III et sa cour*
- **Duras**, *L'Amant*
- **Duras**, *La Pluie d'été*
- **Duras**, *Un barrage contre le Pacifique*
- **Flaubert**, *Bouvard et Pécuchet*
- **Flaubert**, *L'Éducation sentimentale*
- **Flaubert**, *Madame Bovary*
- **Flaubert**, *Salammbô*
- **Gary**, *La Vie devant soi*
- **Giraudoux**, *Électre*
- **Giraudoux**, *La Guerre de Troie n'aura pas lieu*
- **Gogol**, *Le Mariage*
- **Homère**, *L'Odyssée*
- **Hugo**, *Hernani*
- **Hugo**, *Les Misérables*
- **Hugo**, *Notre-Dame de Paris*
- **Huxley**, *Le Meilleur des mondes*
- **Jaccottet**, *À la lumière d'hiver*
- **James**, *Une vie à Londres*
- **Jarry**, *Ubu roi*
- **Kafka**, *La Métamorphose*
- **Kerouac**, *Sur la route*
- **Kessel**, *Le Lion*

- **La Fayette**, *La Princesse de Clèves*
- **Le Clézio**, *Mondo et autres histoires*
- **Levi**, *Si c'est un homme*
- **London**, *Croc-Blanc*
- **London**, *L'Appel de la forêt*
- **Maupassant**, *Boule de suif*
- **Maupassant**, *La Maison Tellier*
- **Maupassant**, *Le Horla*
- **Maupassant**, *Une vie*
- **Molière**, *Amphitryon*
- **Molière**, *Dom Juan*
- **Molière**, *L'Avare*
- **Molière**, *Le Malade imaginaire*
- **Molière**, *Le Tartuffe*
- **Molière**, *Les Fourberies de Scapin*
- **Musset**, *Les Caprices de Marianne*
- **Musset**, *Lorenzaccio*
- **Musset**, *On ne badine pas avec l'amour*
- **Perec**, *La Disparition*
- **Perec**, *Les Choses*
- **Perrault**, *Contes*
- **Prévert**, *Paroles*
- **Prévost**, *Manon Lescaut*
- **Proust**, *À l'ombre des jeunes filles en fleurs*
- **Proust**, *Albertine disparue*
- **Proust**, *Du côté de chez Swann*
- **Proust**, *Le Côté de Guermantes*
- **Proust**, *Le Temps retrouvé*
- **Proust**, *Sodome et Gomorrhe*
- **Proust**, *Un amour de Swann*
- **Queneau**, *Exercices de style*
- **Quignard**, *Tous les matins du monde*
- **Rabelais**, *Gargantua*

- **Rabelais**, *Pantagruel*
- **Racine**, *Andromaque*
- **Racine**, *Bérénice*
- **Racine**, *Britannicus*
- **Racine**, *Phèdre*
- **Renard**, *Poil de carotte*
- **Rimbaud**, *Une saison en enfer*
- **Sagan**, *Bonjour tristesse*
- **Saint-Exupéry**, *Le Petit Prince*
- **Sand**, *Indiana*
- **Sarraute**, *Enfance*
- **Sarraute**, *Tropismes*
- **Sartre**, *Huis clos*
- **Sartre**, *La Nausée*
- **Sartre**, *Les Mots*
- **Senghor**, *La Belle histoire de Leuk-le-lièvre*
- **Shakespeare**, *Roméo et Juliette*
- **Steinbeck**, *Les Raisins de la colère*
- **Stendhal**, *La Chartreuse de Parme*
- **Stendhal**, *Le Rouge et le Noir*
- **Verlaine**, *Romances sans paroles*
- **Verne**, *Une ville flottante*
- **Verne**, *Voyage au centre de la Terre*
- **Vian**, *J'irai cracher sur vos tombes*
- **Vian**, *L'Arrache-cœur*
- **Vian**, *L'Écume des jours*
- **Voltaire**, *Candide*
- **Voltaire**, *Micromégas*
- **Zola**, *Au Bonheur des Dames*
- **Zola**, *Germinal*
- **Zola**, *L'Argent*
- **Zola**, *L'Assommoir*
- **Zola**, *La Bête humaine*